枕·梦

中国传统枕具赏析

薛　彬　翟双燕　贾一亮　著

东华大学出版社

·上海·

图书在版编目（CIP）数据

　枕·梦：中国传统枕具赏析 / 薛彬，翟双燕，贾一
亮著. -- 上海 : 东华大学出版社，2019.11
　　ISBN 978-7-5669-1648-8

　Ⅰ. ①枕… Ⅱ. ①薛… ②翟… ③贾… Ⅲ. ①古代陶
瓷－床上用品－鉴赏－中国 Ⅳ. ①K876.3

　中国版本图书馆CIP数据核字(2019)第217540号

责任编辑　徐建红
装帧设计　风信子

枕·梦：中国传统枕具赏析
薛　彬　翟双燕　贾一亮　著

出　　　版：东华大学出版社（地址：上海市延安西路1882号　邮编：200051）
本 社 网 址：dhupress.dhu.edu.cn
天猫旗舰店：http://dhdx.tmall.com
销 售 中 心：021-62193056 62373056 62379558
印　　　刷：上海盛通时代印刷有限公司
开　　　本：889mm×1194mm　1/16
印　　　张：7
字　　　数：250千字
版　　　次：2019年11月第1版
印　　　次：2019年11月第1次印刷
书　　　号：978-7-5669-1648-8
定　　　价：108.00元

序

　　作为"荐首之具"，枕具伴随人类走过了数千年的历史，从发明至今，延用不断。汉代以前，虽有铜枕、玉枕，但一般枕头多为竹、木所制。西汉时出现了漆枕和丝织枕头，甚至出现了用天然香草做的枕芯。历代留存下来数量最多的则是瓷枕。

　　瓷枕始于隋，最初是作为明器，为殉葬的冥枕。河南安阳隋开皇十五年（公元595年）张盛夫妇合葬墓出土的长仅3.9cm的长方形青瓷枕模型，是目前已知出土年代最早的瓷枕实物。到了唐代，瓷枕产业在全国兴起，浙江越窑和婺州窑、湖南长沙窑、安徽寿州窑、陕西耀州窑、河南巩县窑等处，皆已开始烧造。除了作明器用的头枕和脚枕，瓷枕逐渐成为卧室的寝具，另有尺寸极小的作为书写、医疗用的腕枕及脉枕。唐代瓷枕与后世瓷枕相比较，其主要的特征是形体略小，常见长度仅十余厘米。宋代瓷枕逐渐变大，枕面较长的可达40cm。唐宋是瓷枕生产的高峰期，瓷枕不仅数量多，且造型和装饰手法也非常丰富，成为当时制瓷业中十分突出的一大类别。到明清时期瓷枕产量变少，质量也不复当初。瓷枕既是用以改善生活条件的实用物件，又凝结了先民们的技术创新与造物智慧，还包含了诸如地域、民族、身份、交际、礼制、风俗等文化内涵。

　　瓷枕是中国陶瓷制品中最普通却也最特殊的一个品种。它是当时人们的生活用品，在日用品的属性中又包含了许多艺术和工艺的属性，是生活同艺术完美的结合。枕具的生产、制作、使用和废弃的过程，一方面可通过器形的时空变化呈现出来，另一方面还可反映社会观念和精神文化的变迁。工匠们精湛的技艺及丰富的想象使它具有浓厚的艺术感染力。"故欹单枕梦中寻""一枕清风梦绿萝"……古代诗人寄"梦"于枕，更是将"枕具"与"梦境"之间的天然联系构建出意味深长的趣味与意蕴。

诗词纹饰也是瓷枕的一大特色，诗词是融化在民族血液里的文化元素，历代文人墨客都有赞美瓷枕的诗词佳句。在枕面上直接书写诗词的，也是数不胜数。本书收录的既有"立身之本，行孝为先"的伦理之教，也有"好看千里客，万里去传名"的人生经验之谈。

本书收录的大部分瓷枕为磁州窑生产。磁州窑属于北方著名窑口，窑址在今河北省邯郸市峰峰矿区的彭城镇和磁县的观台镇一带，磁县宋代叫磁州，因此得名。磁州窑创烧于北宋中期，即达到鼎盛，南宋、元明清仍有延续。

磁州窑的工匠师们吸收了传统水墨画和书法艺术的技法，创造了具有水墨画风的白地黑绘装饰艺术，开启了中国瓷器彩绘装饰的先河。磁州窑品种繁多，以白地黑花、刻划花、窑变黑釉最为著名。这些工艺技法，在瓷枕上均有体现。

瓷枕在古代曾普遍存在于人们的生活中，是离"梦"最近的器具，通过展示这些枕头，结合枕头的器型、纹饰，我们可以重温当时古人对梦想的追求：丰衣足食，阖家幸福，国泰民安等。这些是古人的梦想，同样也是当下的我们所追求的梦想。

翟梦雁、翟双燕兄妹收藏了各类枕头200余件，本书从中选取了116件，其中瓷枕以北方窑口烧造的为主。

2016年3月19日，"枕·梦——中华民族'枕'文化藏品展"首展在上海纺织博物馆拉开帷幕。2017年"枕·梦"展又相继在黑龙江省民族博物馆、云南丽江市博物院展出。这些展览是对中华民族灿烂枕文化集中、系统、规模化的展示，枕的制作时间横跨1000多年，以不同材质为纲，汇聚了瓷枕、木枕、石枕、铜枕、皮枕及布艺枕等。其中的瓷枕，又汇集了兽形枕、孩儿枕、文字枕和绘画枕等不同类型，出自不同窑口，使用不同工艺，形成不同样式，包含不同的文化寓意，承载了绘画、诗歌、戏曲、雕塑等中国传统艺术形式，观赏价值和文化价值都不可小觑。

上海纺织博物馆多年来致力于宣传推广民族文化，与不同领域的专家、学者和藏家们开展深入的合作，本次展览也是上纺博与民间收藏家合作举办的主题展览。这本书即是在这个展览的基础上编写完成的，由于视野、学识有限，在资料的运用和立论的根据等方面难免有疏漏与偏颇处，敬祈方家不吝赐教。上海纺织博物馆希望通过这样的系列展览与丛书，将更多、更好的民族文化藏品从收藏鉴赏为主的文物关注，深化提升至学术范畴的文物研究，不断地推动民族文化与文博事业的发展。

上海纺织博物馆馆长

目 录

011 青釉倭角长方形枕

012 白釉瓷枕

013 三彩宝相花纹方枕

014 白釉绿斑长方形枕

015 绿釉裴家花枕

016 黄釉绞胎枕

017 刻花写经腕枕

018 三彩枕

019 卧貘枕

020 绿釉卧婴托叶枕

021 酱釉卧牛枕

022 长方倭角形白釉枕

023 黄釉印花长方形枕

024 素胎点彩狮子枕

025 『子承父业』孩儿枕

026 绿釉卧美人划花婴戏蹴鞠纹枕

027 绿釉划花腰形枕

028 诗文元宝形枕

029 三彩腰形枕

030 白釉束腰长方枕

031 黄绿釉豆形诗文枕

032 白釉划花豆形枕

033 白釉如意头形枕

034 划花牡丹纹椭圆形枕

035 褐釉长方形枕

036 福字豆形枕

037 三彩印花长方形枕

038 黄釉剔花抄手枕

039 白釉划花台式叶形枕

040 绿釉划花双鸭纹长方形枕

041 素胎元宝形陶枕

042 绞胎纹绿釉如意头形枕

043 黄釉荷花纹枕

044 陶雕古钱纹倒梯形枕

045 珍珠地划花绵羊纹倭角枕

046 白釉划牡丹纹腰形枕

047 白釉划花『福寿』叶形枕

048 茶末釉倒梯形长方枕

049 黄釉卧狮枕

050 三彩卧狮枕

051 白釉八角诗文枕

052 豆形诗文枕

053 陶卧虎脉枕

054 白釉赭石红珍珠地划花枕

055 白釉划花腰圆形枕

056 三彩刻划牡丹纹枕

057 白釉黑彩长方形人物故事枕

058 划花剔地填黑彩八角枕

059 三彩诗文束腰形枕

060 黄釉划花诗文枕

061 白釉折枝花卉腰圆形枕

062 白釉折枝花卉腰圆形枕

063 黑陶元宝形枕

064 白釉人物八角枕

065 红绿彩釉娃娃瓷塑枕

066 扇形绿釉印划花波纹枕

067 凹形荷花纹陶枕

068 元宝形黑釉枕

069 乌金釉镂空元宝枕

070 黑釉镂空元宝枕

071 乌金釉镂空元宝枕

072 白釉花鸟纹椭圆形枕

073 白地剔褐花腰圆形枕

074 黄褐釉八角诗文枕

075 黑釉八角凹腰枕

076 长方形黑釉枕

077 白釉豆形诗文枕

078 黄釉剔划花犀牛望月长方枕

079 黑釉凸面脉枕

080 白釉褐彩孩儿枕

081 白釉黑斑猫枕

082 白釉褐斑猫枕

083 猫枕模型

084 白釉绿斑猫枕

085 三彩刻划凹面枕

086 黑釉剪纸装饰长条枕

087 白釉剔地画花枕

088 白釉铁锈彩诗文月兔枕

089 长条喜字黑釉枕

090 仿官釉枕

091 长方形扁枕

092 人物瓷塑枕

093 青花填酱彩龙纹枕

093 青花仕女枕

094 青花加彩仕女诗文枕

094 青花加彩博古花卉纹枕

095 青花加彩『富贵谓梅』枕

095 青花加彩猫纹枕

096 青花加彩花卉纹枕

096 青花福禄寿三星图枕

097 青花高仕图枕

097 白釉彩绘口号枕

098 彩绘水库电站纹枕

098 蓝彩贴花狮子纹枕

099 大型猫枕

099 褐黑釉印纹枕

100 儿童抱瓜型枕

100 老木枕

101 板凳枕

101 折叠式木枕

102 箱式枕

102 马鞍形脉枕

103 木质阴阳套枕

103 三合一套枕

104 中医行枕

104 彩漆戏剧人物枕

105 箱形枕

105 漆皮枕

106 紫漆长方形皮枕

106 红漆竹编枕

107 匣形长皮枕

107 箱形牛皮枕

108 板凳形石枕

108 青石虎头枕

109 布艺双虎娃娃枕

109 长方形藤编枕

青釉倭角长方形枕

年代：唐

尺寸：长13cm、宽8.5cm、高6.8cm

　　枕面划网格纹，施透明青釉，接近底部有积釉现象，施釉肥厚，玻璃感强。唐代小说《枕中记》记载，吕洞宾点化卢生，从囊中拿出青瓷枕，或许就是指此类枕，枕中后方上侧有出气孔。

白釉瓷枕

年代：唐

窑口：邢窑

尺寸：长9.2cm、宽6.8cm、高5.5cm

　　器型虽小，但很经典，胎质淘洗纯净，通体洁白，体现邢窑"类银类雪"特点。器物饱满，上宽下窄，各个转角和线条都有张力，非常流畅和俊美，是盛唐时的典型器物。现能查到的资料，大一点的邢窑瓷枕在山西长治市博物馆有一方，为带盈字款。唐朝邢窑带"盈"字款器物，可能为当时入西安皇家"大盈库"之器物。

三彩宝相花纹方枕

年代：唐

窑口：巩县窑

尺寸：长10.8cm、宽8.8cm、高5.4cm

在白地枕面上，戳印花朵，填褚红色，花朵间隙填绿釉，品相典雅、清淡。纹饰仿唐代丝绸上的花纹，鲜艳、富丽。

白釉绿斑长方形枕

年代：唐

窑口：长沙窑

尺寸：长 16.3cm、宽 11.5cm、高 8.8cm

　　胎土灰白坚硬，施化妆土，胎上点绿斑，外施透明釉到底。

绿釉裴家花枕

年代：唐

窑口：巩县窑

尺寸：长19cm、宽11cm、高8cm

　　唐代巩县窑是当时颇具盛名的窑口，该枕为裴家杜家两大品牌之一的裴家窑口生产，整体跳刀纹装饰，施以绿釉，清晰美观，造型饱满圆润。

黄釉绞胎枕

年代：唐

窑口：巩县窑

尺寸：长 15cm、宽 10.5cm、高 7cm

　　绞胎枕始见于唐代，唐之后，不多见，是唐代最有代表性的艺术品之一，匠人把两种不同颜色的瓷土相杂糅，形成绞理繁复自然的形象，生动、有趣、美观。

刻花写经腕枕

年代：唐

窑口：磁州窑

尺寸：长 10.5cm、宽 7.5cm、高 6cm

　　该枕呈赤褐色，上刻兰草图案，灰黑胎。

三彩枕

年代：唐

尺寸：长20.5cm、宽15cm、高12.2cm

　　胎质灰色、坚硬，枕面施绿釉，枕壁施黄釉。釉彩鲜艳，开片极细小。枕面两端翘起，枕面内凹微前倾，造型非常和谐。

卧貘枕

年代：唐

窑口：磁州窑

尺寸：长14cm、宽9.5cm、高7.5cm

　　胎土灰白，施釉绿色，造型灵巧生动，全枕保存完整，唯烧造时火候掌握不好，釉面烧结出现跑釉现象。因烧制年代久远，有脱釉现象。但唐代瓷枕灵巧的气度还是有的，瑞兽作枕台，卧兽背上接一枕面，在唐代是多见的造型，瑞兽种类很多，如狮、牛、兔、羊、貘……后期卧虎作台也多起来。貘，今俗称"白泽"，不多见，但受唐人追捧。白居易《貘屏赞》："貘者，象鼻犀目，牛尾虎足，生于南方山谷中，寝其皮辟温，图其形辟邪……"貘在唐代显然是吉祥的象征。

绿釉卧婴托叶枕

年代：唐

尺寸：长12cm、宽7.5cm、高7.5cm

　　婴儿侧卧、曲腿，双手上托一花瓣形枕面，通体施绿釉。婴儿面部清秀，造型灵巧。

酱釉卧牛枕

年代：唐

尺寸：长 13.5cm、宽 9cm、高 7cm

　　胎土香灰色，通体施酱色釉，枕面自然形成铁锈色斑，有脱釉现象。卧牛作爬伏状，四角前曲，牛尾上翘。卧牛的牛角、背脊、翘尾形成支点，上托花瓣形枕面，整体显得灵巧通透。

长方倭角形白釉枕

年代：唐

尺寸：长 18.5cm、宽 11cm、高 8cm

　　胎土坚硬，通体施白釉，有支烧痕，火候欠缺，有风化现象，没有光泽。整体呈不规则长方形，四角倭圆，边沿倭圆，枕面微前倾。虽没有釉面光泽，但整个器形规整圆润，做工精细，体现出了唐代一丝不苟的精神。

黄釉印花长方形枕

年代：唐

窑口：寿州窑

尺寸：长 16.8cm、宽 12.2 cm、高 9.6 cm

　　长方形的枕体，线条硬朗端庄，黄釉肥厚靓丽，通体开片。枕面印花纹，像剪纸一样的装饰效果，简洁美观。

素胎点彩狮子枕

年代：宋

尺寸：长 21cm、宽 12.5cm、高 9.5cm

　　胎土灰白，上点彩，无釉，枕面下沿有气孔。模压成狮子型，有气孔，头型威猛，尾巴前卷，形象威而不凶，亦显护法神兽的威严。日本林原艺术馆藏有相同一方。

"子承父业"孩儿枕

年代：宋

窑口：当阳峪窑

尺寸：长 20.5cm、宽 17cm、高 13cm

灰胎、胎体坚硬、施釉到底。在装饰莲瓣的枕床上，仰卧一儿童，梳十字辫，左脚放于右踝之上，双腿自然弯曲，双手捧扶荷叶柄，荷叶展开形成枕面。荷叶叶脉成为装饰枕面的纹饰。此枕情趣盎然，是难得的艺术精品。

绿釉卧美人划花婴戏蹴鞠纹枕

年代：宋

窑口：磁州窑

尺寸：长35cm、宽17cm、高14cm

    该枕模压成睡美人造型，丰满、侧卧、曲腿、黑发、绿衣、素面。枕面画一顽童，手舞飘带，连接鞠球。

绿釉划花腰形枕

年代：宋

窑口：磁州窑

尺寸：长 30cm、宽 22cm、高 10.5cm

　　在枕面四条弦纹内，用线条画折枝牡丹、少量篦梳纹点缀，疏朗美观。胎土呈砖红色，通体施白色化妆土，施釉到底，底面无釉，绿釉肥厚均匀，枕后侧上部有气孔。

诗文元宝形枕

年代：宋

窑口：磁州窑

尺寸：长26.5cm、宽24cm、高13cm

　　通体施白釉，釉色微微泛黄。枕面在三道弦纹内划写"长存今日志，必有胜心时"励志诗句。枕箱上印花环绕一周。胎土灰白坚硬，通体施化妆土，外罩透明釉，底无釉，背侧上部有气孔。

三彩腰形枕

年代：宋

窑口：当阳峪窑

尺寸：长 39cm、宽 25.5cm、高 12cm

　　胎土灰白泛砖红色，通体施化妆土，施绿釉近底部，底面不施釉。枕面以绿釉为主，附之以白色、黄褐色，辅助加上勾画黑线，图案漂亮，赏心悦目。枕面用剔地填彩和划花技巧以及篦梳纹，画出绿叶托牡丹，开光外圈画出肥厚的花叶纹缠绕。画面技艺高超，施釉莹润亮丽，是宋代难得的艺术珍品。

白釉束腰长方枕

年代：宋

窑口：磁州窑

尺寸：长 25cm、宽 13cm、高 13cm

　　胎土灰白细腻坚硬，施化妆土，外罩白色乳浊釉，接近宋定窑白瓷，一端有气孔和四支钉。

黄绿釉豆形诗文枕

年代：宋

窑口：磁州窑

尺寸：长33.5cm、宽27.5cm、高14cm

　　胎土灰白坚硬，泛红色，施化妆土。枕面中央施黄釉，其余施绿釉到底，底部无釉。枕面环绕回字纹，中间刻写宋词人晏殊的《清平乐》一首。

清平乐

（宋）晏殊

红笺小字，说尽平生意。鸿雁在云鱼在水，惆怅此情难寄。

斜阳独倚西楼，遥山恰对帘钩。人面不知何处，绿波依旧东流。

白釉划花豆形枕

年代：宋

窑口：定窑

尺寸：长 24.5cm、宽 18cm、高 12.5cm

　　用划花技法在枕面画一银锭，其他空间用篦纹填满。胎土黄白，细腻坚硬，化妆土外罩透明釉，釉色泛黄，施釉到底，底面无釉。

白釉如意头形枕

年代：宋

窑口：磁州窑

尺寸：长25cm、宽16cm、高9cm

　　宋代崇尚单色釉装饰。此枕在如意头形枕胎之外，施单色白釉，干净利落，别具一格。胎土细腻坚硬，施化妆土，白釉肥厚。

划花牡丹纹椭圆形枕

年代：宋

窑口：磁州窑

尺寸：长 26.5cm、宽 13.5cm、高 14cm

　　胎土细腻，施化妆土，枕面圆框内，用划花技巧，画一折枝牡丹，画面潇洒、生动、流畅、饱满。枕箱四周用印花装饰，简洁大气。

褐釉长方形枕

年代：宋

窑口：磁州窑

尺寸：长 25.5cm、宽 13.3cm、高 11cm

　　半缸胎，胎土坚硬，未施化妆土，立烧，有四支钉块。烧制时，为了防止与相邻枕黏结，一侧有四块去釉处，挤上陶块、这样，可以增加装窑产品的数量。该枕无花纹装饰，为单色釉，但端庄、规整、秀气。

福字豆形枕

年代：宋

窑口：磁州窑

尺寸：长23cm、宽18cm、高10cm

　　胎土质地坚硬，施化妆土，在口沿处，满圈施铁锈釉，中间浓笔草书写一福字，并用细竹把毛笔的轨迹勾划一遍，更增加了动感。

三彩印花长方形枕

年代：宋

窑口：磁州窑

尺寸：长 22.7cm、宽 10.5cm、高 10.3cm

枕面饰划花纹，前后面饰黄釉印花如意云纹。枕头两端饰虎头和明珠纹。

黄釉剔花抄手枕

年代：宋

窑口：磁州窑

尺寸：长25.5cm、宽13cm、高10cm

　　在胎上施化妆土后画出图案，用剔刀进行剔刻，然后再上透明釉烧制。此枕枕面用隔扇木装饰四角，靠近两端用刀的深浅表现瓜蔓曲绕，前后面刻卷草纹，两侧刻竹纹，一侧有抄手孔，整个枕小巧典雅。

白釉划花台式叶形枕

年代：宋

窑口：磁州窑

尺寸：长 30cm、宽 30cm、高 19.5cm

　　胎质灰白，施化妆土，罩透明釉，前面露胎，底部无釉。枕面内凹，整体呈荷叶形。双线刻划作边框，单线开光内划折枝牡丹，空余处有篦纹点缀。

绿釉划花双鸭纹长方形枕

年代：宋

窑口：当阳峪窑

尺寸：长 47.3cm、宽 18.5cm、高 12cm

　　胎土灰白泛红，施化妆土，绿釉到底。枕后侧有气孔，枕一端有支烧垫底。枕面在单线边框内，又用六条线划出两方开光。边框之间，划花叶连续纹。在两个开光内，刻划出两只鸭子，鸭子前后呼应，每只鸭又在自己的山石花卉开光内，独立成画。画面中央有"申一笔"三字。

素胎元宝形陶枕

年代：宋

尺寸：长23cm、宽9cm、高11cm

　　器型如元宝，枕正面中间有气孔。

绞胎纹绿釉如意头形枕

年代：宋

窑口：当阳峪窑

尺寸：长 20.5cm、宽 17cm、高 8cm

　　红胎上施绞胎纹饰，外施绿釉。这方枕的绞胎纹饰像孔雀开屏，非常精美，是绞胎瓷中的上乘之作。

黄釉荷花纹枕

年代：宋

窑口：缸瓦窑

尺寸：长 23cm、宽 22.6cm、高 9.5cm

　　灰白胎，胎质坚硬，枕面施化妆白土，黄釉施到底。该枕黄釉肥厚，荷叶形的枕面，在边框内划刻两朵荷花和一片荷叶，画风流畅自然。

陶雕古钱纹倒梯形枕

年代：宋

尺寸：长 29.5cm、宽 10cm、高 11.5cm

珍珠地划花绵羊纹倭角枕

年代：宋

窑口：登封窑

尺寸：长23.1cm、宽20.6cm、高10.2cm

　　胎土灰白，施化妆土，透明釉施到底，底部无釉，背部上侧有气孔。枕四面墙划旋涡纹，枕面划双线框，两线之间划卷草纹。框内一绵羊，寓意吉祥，环绕绵羊是唐草纹间隙珍珠地。化妆土和灰白胎地形成反差，增加装饰效果。此枕在烧制过程中有漏釉现象，形成另类的装饰品种。

白釉划牡丹纹腰形枕

年代：宋

窑口：磁州窑

尺寸：长22.5cm、宽21.5cm、高9.5cm

　　胎土灰白坚硬，施化妆土，刻划花纹后，胎土本身的颜色露出，与白色化妆土形成反差。最后施透明釉，装饰效果极佳。施釉肥润，枕面上装饰折枝牡丹，纹饰流畅、饱满。间隙处填充篦梳纹，恰到好处。

白釉划花"福寿"叶形枕

年代：宋

窑口：磁州窑

尺寸：长 29cm、宽 29cm、高 19cm

　　胎质灰白，施化妆土，罩透明釉，前墙露胎，底部无釉。枕面内凹，双线作边框，框内浓墨书写"福寿"二字，上部划花，间隙用篦梳纹填补。

茶末釉倒梯形长方枕

年代：宋

窑口：介休窑

尺寸：长 23.5cm、宽 10.1cm、高 12cm

　　胎土灰白、茶末釉厚肥纯净，施釉近底，底部无釉。

黄釉卧狮枕

年代：宋

窑口：磁州窑

尺寸：长29.6cm、宽22.1cm、高12.3cm

　　胎土灰白坚硬，偏粗，施化妆土，主体施黄釉，枕面在化妆土外罩透明釉。该枕属于宋三彩低温釉系列。主体为一卧狮，四肢呈曲弯爬伏状，尾前甩至臀部。头向右侧，张口且瞪眼扬鬃，表现出佛教护法神的威严。枕面呈如意头形，微凹。

三彩卧狮枕

年代：宋

窑口：磁州窑

尺寸：长33.3cm、宽20.5cm、高12.1cm

胎土灰白，是宋三彩典型的绿白黄三色。先施化妆土，上彩后再罩透明釉，两眼点黑彩，透气孔开在狮子鼻孔上，巧妙有趣。整体塑一卧狮，回头张望，张牙怒视，非常威严。腰间有一绣球，尾巴前甩与绣球衔接，压在后爪上，前爪扶抱一幼狮，狮背上驮一椭圆形枕面，顺势弯曲，枕面呈如意头形，三道弦纹随如意头形成边框，框内刻划流水、荷叶、荷花、慈姑，画面清静自然。

白釉八角诗文枕

年代：宋

窑口：磁州窑

尺寸：长 23cm、宽 15.5cm、高 8cm

八角形枕面上墨书"好看千里客，万里去传名"。书法流畅，贯穿枕面。

豆形诗文枕

年代：宋

窑口：磁州窑

尺寸：长22cm、宽16cm、高8cm

　　胎土灰白，质地坚硬，施化妆土，施透明釉，枕沿下有气孔。枕面上书写："立身之本，行孝为先。于人有乂，不又神天。"这件瓷枕被《磁州窑诗词》这本书收录过。

陶卧虎脉枕

年代：宋

尺寸：长14cm、宽5.5cm、高5cm

卧虎通体为灰陶泥模制，头部正面向左侧，额头印有"王"字，尾巴左甩身侧，上翘的臀部和昂起的头部形成鞍形，背部下凹枕面自然，整体朴素、沉稳、安静。

白釉赭石红珍珠地划花枕

年代：宋

窑口：登封窑

尺寸：长 21.7cm、宽 12.2cm、高 12cm

　　枕面下凹，沿边用双线划出边框，框内用刻划技法画出缠枝图，间隙戳印珍珠地。枕前后侧，沿边划出单线框，框内划出稀疏花叶纹饰，上部填戳珍珠地于枕两侧，在单线框内，划出牡丹叶，周围戳印珍珠纹。戳印处，填赭石粉。黄白釉配赭红色，赏心悦目。

白釉划花腰圆形枕

年代：宋

窑口：定窑

尺寸：长27cm、宽20cm、高15cm

　　胎土灰白、细腻坚硬，施化妆土，外罩透明釉。施釉近底，底部无釉，底有两个气孔。在腰圆形枕面上，沿边刻划出双线框，框内划一宝物正在放"紫气"（三条紫线），直冲云天。云天用篦纹疏朗划出，若隐若现。

三彩刻划牡丹纹枕

年代：宋

窑口：当阳峪窑

尺寸：长30cm、宽22cm、高11cm

枕面刻划折枝牡丹，网格纹填空。枕墙施赤红色釉。

白釉黑彩长方形人物故事枕

年代：金

窑口：彭城窑

尺寸：长 41.5cm、宽 17.5cm、高 14.5cm

　　该枕前后立面绘折枝牡丹，两端绘荷花，后面右侧墨书"滏源王家造"五字，枕面开光内绘人物故事，描绘的是宋人话本《钱塘梦》中苏小小和司马才仲神奇的爱情故事。枕面"之"字墙后面绿树婆娑，太湖石和芭蕉叶将院落分为两部分，右侧司马才仲头戴幞帽，正伏在案几上打瞌睡，案几旁立有一根长柄烛台，左侧苏小小脚踩祥云，翩翩而至，手执檀板在浅吟低唱。画面反映了人鬼之间凄美委婉的爱情故事。该枕被收入《磁州窑枕谱》(张子英主编) 并作为样器写入前言，继被收入马忠理主编的《中国磁州窑》，并作为样品加以分析。

划花剔地填黑彩八角枕

年代：金

窑口：河津窑

尺寸：长41cm、宽19cm、高10cm

　　枕面画一枝折枝牡丹，用篦纹勾出叶子的筋脉和花朵的纹理，在空档处剔地填黑彩，形成黑白鲜明的对比效果，是集剔划一身的艺术品。

三彩诗文束腰形枕

年代：金

窑口：磁州窑

尺寸：长26cm、宽13cm、高14cm

　　泥质红陶，有化妆土。长方形，束腰。以黄、绿、白三彩装饰，每面中心部位都有行书题诗一首，两侧为边饰。在瓷器上题写通俗诗句和民谚作装饰是磁州窑的一大特点。首都博物馆藏有同类瓷枕。

黄釉划花诗文枕

年代：元

窑口：平阳窑

尺寸：长 31cm、宽 16cm、高 10.5cm

胎质坚硬泛红，枕面及枕墙的一半施化妆土罩黄白色釉，枕后侧上部有气孔。枕面在双线边框内，又用弧线划出开光，内书写"白日莫闲过，青春不再来"，激励人们奋发上进。

白釉折枝花卉腰圆形枕

年代：金

窑口：介休窑

尺寸：长 23cm、宽 20cm、高 11cm

　　灰白胎，施化妆土，罩透明釉，底部无釉，背侧枕墙上部有气孔。在白地上，用浓墨绘折枝花卉，构图清秀，画技娴熟，飘逸灵动，把黑白对比的强烈效果发挥到了极致。

白釉折枝花卉腰圆形枕

年代：金

窑口：介休窑

尺寸：长 25.5cm、宽 22cm、高 13cm

　　胎土灰白细腻，施化妆土，外施透明釉。枕面用浓墨彩画出折枝花卉。花卉画得很有力度，黑白对比，装饰效果强烈。

黑陶元宝形枕

年代：元

尺寸：长 28cm、宽 13.5cm、高 17cm

　　黑陶枕形稳重又有灵气，通体施黑陶衣，尽显高贵。像元宝形，两侧印饰三角形几何纹，上宽下窄，又像船形，一端有大孔，便于提拿。

白釉人物八角枕

年代：元

窑口：磁州窑

尺寸：长30cm、宽20cm、高12cm

　　胎质灰白坚硬，施化妆土，胎上画人物，施透明釉，枕后侧上方有气孔。枕面上画一戏台，有五个角色：一个文官、一个书生、一个丑角、一个绅士，另有一人在击板。这大概反映了元代繁荣的市井瓦肆的说唱情景。枕的背面侧壁画有两个正在玩蹴鞠的儿童，突然飞来一只小鸟，落在一儿童头顶，引起了一阵风波。枕上的七个人物个性突出、神采各异、动感十足，生动展现了元代生活的场景。

红绿彩娃娃瓷塑枕

年代：元
磁窑口：州窑
尺寸：长 27cm、宽 19.5cm、高 9.5cm

　　红绿彩创烧于金代的磁州窑，兴盛于元、明代，对我国彩绘瓷器的发展产生了重大影响，使中国瓷器走上了五彩缤纷的彩绘之路。宋朝皇家推崇清静淡雅的单色釉，红绿彩瓷则体现了民间的大俗大雅，表达了欢快热烈的民间审美情趣。磁州窑红绿彩，主要色彩是红、绿、黄三色，每种彩又有不同的色阶。红彩一般为绯红和矾红色；绿彩则有翠绿、墨绿、褐绿、浅翠绿；黄色则有浅黄、明黄、金黄等色。红绿彩瓷一般是在高温白釉或白地黑花瓷器烧成基础上，再施以彩釉低温烧成，常称为"金加彩""元加彩"等。

扇形绿釉印划花波纹枕

年代：元

窑口：磁州窑

尺寸：长33cm、宽20cm、高11cm

　　胎质松软，无化妆土，施绿釉，底部无釉，两端有镂空葫芦形气孔。枕面有卷草纹和水波纹，背面印有清晰漂亮的折枝牡丹图案。

凹形荷花纹陶枕

年代：元

尺寸：长 22.5cm、宽 17cm、高 11cm

　　在枕边上划出几何纹，沿边单双线点缀，在枕的凹面，刻划荷花和荷叶，花朵饱满灵动。枕虽是陶制，但也显得朴实，大气，不俗。

元宝形黑釉枕

年代：元

窑口：洪山窑

尺寸：长 24.5cm、宽 21cm、高 13cm

胎质灰白坚硬，施黑釉接近底部。元代的疆域广大，元代瓷器也具有粗犷、雄浑、大气之特征。

乌金釉镂空元宝枕

年代：金

窑口：洪山窑

尺寸：长24cm、宽18.5cm、高12.5cm

胎土泛红坚硬，通体施橘红色乌金釉。枕面圆形，似一太阳。枕面沿边框划两道弦纹，双线端画两只鸟头相对，枕墙一周镂空满雕。

黑釉镂空元宝枕

年代：金

窑口：洪山窑

尺寸：长26.8cm、宽20cm、高12.5cm

胎土灰白坚硬，胎质较粗，枕面微前倾。除圈足外，通体施黑釉，釉面肥厚。枕面有两道暗刻线，枕墙镂空雕。

乌金釉镂空元宝枕

年代：金

窑口：洪山窑

尺寸：长24cm、宽19cm、高12cm

　　胎土灰中泛红，坚硬，通体施乌金釉。枕面似圆，枕面在中心开圆孔，围绕圆孔和枕沿，有双线暗刻纹，枕墙前后有镂空雕。

白釉花鸟纹椭圆形枕

年代：金

窑口：磁州窑

尺寸：长36.5cm、宽28cm、高17cm

　　胎质灰白坚硬，施化妆土，外罩透明釉。枕的背侧上部有气孔，底部无釉。在椭圆形枕面上，用铁锈色一粗一细两线划画出如意开光面，里面画四枝花枝，上落一戴胜鸟，鸟回首远望，与远处同伴相呼应。花鸟的划画技艺非常高，包括树叶疏密的处理，以及叶脉和鸟羽毛纹路的处理都非常精细，是一幅金代高水平的花鸟画杰作应是一位职业画家所作。

白地剔褐花腰圆形枕

年代：金

窑口：定窑

尺寸：长 27cm、宽 20.5cm、高 10cm

　　枕呈腰圆形，枕面略微内凹。胎土细腻，枕箱上饰卷云纹，枕面饰盛开的荷花。工艺是先在胎上施一层化妆土，勾勒出花纹轮廓，然后在花纹内划出叶筋，最后剔去花纹以外的地，形成白地浅褐色花纹，同时用竹篦划出梳纹。枕底用墨写了制作日期。

黄褐釉八角诗文枕

年代：元

窑口：磁州窑

尺寸：长 30cm、宽 15cm、高 9.5cm

　　胎土坚实，施釉浓厚，积釉深处呈黑色，长条弯曲带八角，枕面上线条刻划有两句诗文："鹤穿柳岸会龙墨，竹边饮茶玳瑁新"。

黑釉八角凹腰枕

年代：金

窑口：耀州窑

尺寸：长27.5cm、宽13cm、高9.5cm

长方形黑釉枕

年代：金

尺寸：长 34.3cm、宽 15cm、高 15cm

长方形，中间微束腰，通体施黑釉，立烧，一端有四个支钉痕。

白釉豆形诗文枕

年代：金

窑口：观台窑

尺寸：长 41cm、宽 28cm、高 16cm

枕面书写《蝶恋花》一首，四周绘奔放的卷草纹，背面上侧有气孔，底部盖有"张大家枕"印。此戳印记，天津艺术博物馆和河北省博物馆各有一方，存世少见。《蝶恋花》作者子端，即金代文学、书画家王庭筠（公元 1151-1202 年），号黄山先生，他是大书法家米芾的外甥。这首《蝶恋花》应是他时居黄山时游观台所填，书写于枕上。这方枕，增补了王庭筠书法和诗作的存量。

黄釉剔划花犀牛望月长方枕

年代：元

窑口：磁州窑

尺寸：长 42.5cm、宽 19cm、高 13cm

黑釉凸面脉枕

年代：明

窑口：磁州窑

尺寸：长10cm、宽5.5cm、高6.2cm

　　胎土加白砂，灰中泛青。枕墙厚重，黑釉肥厚，无流釉现象，釉面密布"猪鬃眼"，用单色釉装饰，四面枕墙内凹，便于拿捏，虽无流釉，但高温下，仍有下部积釉。枕面微凸，给人以美观、稳重、实用的感觉。

白釉褐彩孩儿枕

年代：明

窑口：磁州窑

尺寸：长38cm、宽14cm、高23cm

　　胎土灰白，施化妆土，模压对合成形，最后施透明釉，两肘和两膝着地处无釉，作为入窑时的支烧点。用铁锈色点画两个辫子，画出眉眼，银锁项饰和手镯。明代兴烧猫枕和孩儿枕。孩儿枕雕塑比例协调，形象生动，造型可爱，男孩伏卧在床上，弯曲的背脊形成光滑舒适的枕面，是一件珍贵的瓷塑作品。用男孩的形象，有"宜男"寓意。

白釉黑斑猫枕

年代：明

窑口：磁州窑

尺寸：长34cm、宽13cm、高18cm

  瓷猫枕是瓷枕中比较常见的一种，最早出现在宋代。古人为何会造瓷猫枕呢？相传，猫原本是海中的神，执掌阴间，因它贪赃枉法，被迫下狱。后来玉皇大帝命令包拯审问。包拯见它诚心悔过，把它点化变成一只猫枕，白天的时候，包拯在阳间审案，晚上便枕上猫枕去阴间判案。后来，人们开始流行烧制瓷猫枕，并在瓷猫枕上画出黑白图案，预示着这种带着黑白图案的瓷猫可以驱赶黑白无常，保佑人们夜间平安。

白釉褐斑猫枕

年代：明

窑口：磁州窑

尺寸：长34cm、宽13cm、高18cm

猫枕模型

年代：明

窑口：磁州窑

尺寸：长35.5cm、宽13.5cm、高19cm

　　这是原创猫枕的模型，烧制好后，外面会形成四块"范板"，在四块"范板"上，压模出四块猫枕陶胎，然后进行黏接、修胎、上化妆土、通彩、凉干、罩透、入窑烧制。

白釉绿斑猫枕

年代：清

窑口：磁州窑

尺寸：长34cm、宽12.5cm、高18cm

三彩刻划凹面枕

年代：明

尺寸：长43cm、宽19cm、高17cm

　　胎土灰黄、细腻坚硬，胎上施黄绿彩釉，外罩透明釉。枕中央透雕一古钱纹，两端透四个孔，用刻划技法，随意刻水波纹、云纹，然后点涂黄彩绿彩，装饰效果强烈。

黑釉剪纸纹装饰长条枕

年代：明

窑口：磁州窑

尺寸：长32cm、宽13cm、高14cm

除两端露胎处，通体施肥厚黑釉。枕端在涂釉时，贴剪纸花，待釉半干时，揭下剪纸，带走釉料，入窑烧制后，形成剪纸纹装饰效果。

白釉剔地画花枕

年代：明

窑口：磁州窑

尺寸：长32cm、宽16cm、高16cm

　　胎质灰白，施化妆土，罩透明釉，底部有气孔。枕端利用剔地划画等技法，运用酱彩、黑彩等颜料，组成博古插瓶，插瓶置于木架上，挽以飘带，瓶内插几种文玩，整个图案很别致。

白釉铁锈彩诗文月兔枕

年代：明

窑口：磁州窑

尺寸：长30cm、宽14cm、高14cm

　　胎质灰白，施化妆土，罩透明釉，通体施釉，底部有气孔。在枕两端，一端有书法："两望长安不见家"，一端有花卉瑞兽图。特别是花卉瑞兽图，很有明代磁州窑瓷器画作的典型气息。这幅画用划画两种技法，用黑酱两种色彩，画出花树、青草、玉兔、云彩等图案，布局巧妙，生动有趣。玉兔两耳高耸，回头张望，四肢呈腾空奔跑状。用划花的技法，寥寥几笔，把玉兔的神态表达得清清楚楚，体现了高水平的画功。

长条喜字黑釉枕

年代：明

窑口：磁州窑

尺寸：长33cm、宽13.4cm、高15cm

　　明代"接胎"工艺普遍使用，这是一个时代的"记忆"，磁州窑、景德镇窑等均采用这一工艺。就是把一器物分成两小部分制作，然后黏接在一起烧制。枕头上的喜字，也有民俗学家认为，北方人家在女儿出嫁时，娘家要送"对枕"作为嫁妆。

仿官釉枕

年代：清

窑口：景德镇

尺寸：长21.8cm、宽13.5cm、高9.2cm

　　器形呈扁长方形，通体施淡青白釉，大开片，金丝铁线特征明显。陶瓷界有"明看成化，清看雍正"之说。

长方形扁枕

年代：清

窑口：石湾窑

尺寸：长 17.6cm、宽 12.6cm、高 9cm

　　胎土灰白，通体施翠绿釉，小开片，这种翠绿，唯石湾窑最艳丽。

人物瓷塑枕

年代：中华民国

窑口：磁州窑

尺寸：长28cm、宽10cm、高19cm

　　在黑釉底座上，一女性侧卧在一摞书上，顶挽花髻，上穿蓝衫，下着酱色花裤，脚着黑鞋，背部作为枕面，面部端庄秀丽。

青花填酱彩龙纹枕

年代：中华民国

窑口：磁州窑

尺寸：长30cm

　　　宽12.5cm

　　　高13.5cm

　　用青花画出腾云驾雾的龙，用酱釉来填彩，非常瞩目，酱釉是窑工把草木拌入白色釉料中烧出的效果。

青花仕女枕

年代：中华民国

窑口：磁州窑

尺寸：长35cm

　　　宽14cm

　　　高16cm

　　枕边线用回纹、几何纹装饰，枕面开光内绘一仕女在风吹斜柳下读书，仕女挽高髻，穿长裙。民间一般把卧读的叫小乔，把坐读的叫大乔，该枕画的是大乔。一侧绘梅花瑞鸟，一侧绘菊花。两枕端写书法："为爱鹅群去学书，丰神不与右军殊。西窗之右。""时在乙丑柳月中旬九日摹明人之法，书法静乐轩东窗之右俊卿塗。"

青花加彩仕女诗文枕

年代：中华民国

窑口：磁州窑

尺寸：长29.5cm

　　　宽12.5cm

　　　高13.5cm

　　枕面为月夜下美女撩帘观望，期盼"月上柳梢头，人约黄昏后。"枕侧面，兰花和柳丝斜着。枕两端书写书法作品："时人不识余心乐，将谓偷闲学少年，小川"和"云淡风轻近午天，傍花随柳过前川，小川"。小川为民国磁州窑画行行会的知名人物傅老子，善画山水、人物、花鸟。

青花加彩博古花卉纹枕

年代：中华民国

窑口：磁州窑

尺寸：长30cm

　　　宽13cm

　　　高14cm

青花加彩"富贵谓梅"枕

年代：中华民国

窑口：磁州窑

尺寸：长28.5cm

　　　宽13cm

　　　高14cm

　　该枕用粗细三条线装饰边框，形成一个画面，用洋蓝色和翠绿画出梅花、牡丹、小鸟。书"富贵谓梅曰，杏月上旬九日，小川作"。另书"富贵谓梅曰，书于西窗之下，杏月中旬九日，小川"。小川为民国磁州窑知名瓷画匠人。整个画作笔墨淋漓，疏朗大气，层次分明，色彩艳丽。取得了宣纸上"墨分五彩"的艺术效果。

青花加彩猫纹枕

年代：中华民国

窑口：磁州窑

尺寸：长29cm

　　　宽12cm

　　　高13cm

　　枕面绘猫和菊花，书写"威震华夏"。枕侧面，一侧画荷花，一侧画菊花，书写"花香有味"。两端画竹叶。画面清新亮丽。

青花加彩花卉纹枕
年代：中华民国
窑口：磁州窑
尺寸：长29cm
　　　宽13.5cm
　　　高14cm

青花福禄寿三星图枕
年代：中华民国
窑口：磁州窑
尺寸：长29cm
　　　宽13cm
　　　高14cm

青花高仕图枕

年代：中华民国

窑口：磁州窑

尺寸：长29cm

　　　宽13.5cm

　　　高14cm

　　枕侧面书"梅妻鹤子图，时在已末年孟夏上旬三日，书松静乐轩西窗之下，王志宣塗"。

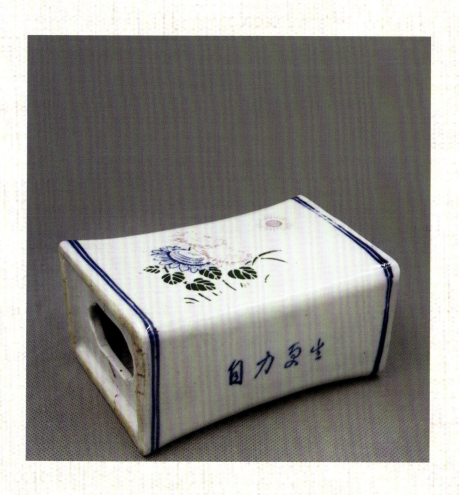

白釉彩绘口号枕

年代：中华人民共和国

窑口：景德镇

尺寸：长14cm

　　　宽12cm

　　　高6cm

彩绘水库电站纹枕

年代：中华人民共和国

窑口：景德镇

尺寸：长14cm
　　　宽12cm
　　　高6cm

　　枕面绘远山、水库、小船、雁队，近处有发电站、房屋、花树。一侧用楷书写学习两字。

蓝彩贴花狮子纹枕

年代：中华人民共和国

窑口：景德镇

尺寸：长14cm
　　　宽12cm
　　　高6cm

大型猫枕

年代：中华人民共和国

窑口：磁州窑

尺寸：长41cm

宽15cm

高20cm

从明代创烧猫枕起，中间经过清代和民国两个时期，至中华人民共和国成立，猫枕经过白釉黑斑、白釉蓝斑、白釉绿斑等变化，猫枕的体型变化不大，这方猫枕是我们见到的体型最大、釉彩最特殊的一方。猫身上装饰赤红斑，眉眼和胡子用蓝彩，嘴巴和耳朵用褐红釉，两只前爪伸于体前两侧，两眼前视，炯炯有神，是难得的好品，体现了中华人民共和国初建时饱满的时代精神。

褐黑釉印纹枕

年代：中华人民共和国

窑口：耀州窑

尺寸：长22.5cm

宽8cm

高 12.5cm

两侧边框内印"政治挂帅""思想领先"，枕底刻落款"赵兴娃制"。

儿童抱瓜枕
年代：中华人民共和国
尺寸：长20cm
宽7cm
高11cm

老木枕
年代：中华人民共和国
材质：榆木
尺寸：长25cm
宽12cm
高9cm

板凳枕

年代：中华人民共和国

材质：红木

尺寸：长20.5cm
　　　宽9cm
　　　高9cm

折叠式木枕

年代：中华人民共和国

材质：硬杂木

尺寸：长24cm
　　　宽10.5cm
　　　高12cm

　　这是用一整块厚硬木板、巧妙设计，通过钢丝锯、钻孔、凿削、制成的可折叠式木枕。该枕充分体现了木匠的智慧、才能。此枕带有动感，便于携带。

箱式枕

年代：清

材质：杨木

尺寸：长28.5cm
　　　宽12cm
　　　高15.5cm

　　整体呈箱形，带一屉，屉下仍有一深箱层，用来放地契、账目清单、银票等夜不离身的物品。

马鞍形脉枕

年代：中华民国

材质：紫檀

尺寸：长19cm
　　　宽4cm
　　　高6cm

　　中医行医时，把患者手腕置于其上，便于把脉。

木质阴阳套枕

年代：中华人民共和国

材质：木

尺寸：（大）长30.5cm
　　　　宽8.5 cm
　　　　高8cm

　　　（小）长26.5cm
　　　　宽8.5 cm
　　　　高8cm

三合一套枕

年代：中华人民共和国

材质：木

尺寸：长30cm
　　　宽13cm
　　　高8.5cm

　　一块厚木板，用钢丝线锯巧妙地锯出三个枕。套在一起，特像一对夫妇带着一个娃。分则三人各用，合则成二成一，存放、使用非常方便。

中医行枕

年代：中华民国

材质：毛白杨

尺寸：长40cm

　　　宽45cm

　　　高11cm

　　形状似中医的"戥子"（称中药的微型秤），把脉时当脉枕，累时可以当凳子，睡时当枕。

箱形枕

年代：中华民国

材质：木

尺寸：长52cm

　　　宽14.5cm

　　　高14.5cm

　　枕为长条箱形，为双人枕，箱内有盒，有双层结构。枕的下面压万字和寿字花纹，以及双韵回首纹。枕的两侧，压双鼠爬笼图案，妙趣横生。

彩漆戏剧人物枕

年代：清

材质：木

尺寸：长32cm
　　　宽13cm
　　　高15cm

　　在植物大漆的黑地上，用红、黄、绿、黑等多种颜色绘出二十多位男女人物和亭台楼阁，演绎出很多故事情节，实属难得。

漆皮枕

年代：中华民国

材质：牛皮

尺寸：长32cm
　　　宽19cm
　　　高9cm

　　福建漆皮枕，是国家非遗手工艺品。此枕是江西瑞金老字号"福寿祥"出品，一面画墨竹，一面画山水题词"风帆遥影"，绘画水平较高。枕内填充棕草，软硬适度。

紫漆长方形皮枕

年代：中华人民共和国

材质：牛皮

尺寸：长21cm
　　　宽13cm
　　　高9cm

　　牛皮缝成精致的长方形，用金粉在枕端双线框内写诗："春眠不觉晓，处处闻啼鸟。夜来风雨声，花落知多少。"另一端在双线框内画兰花，笔法纯熟。

红漆竹编枕

年代：中华人民共和国

材质：竹

尺寸：长37cm
　　　宽12cm
　　　高9cm

　　竹条撑起枕形，外包纱布，然后涂多层红漆，枕端用黑漆画出长方形框边，框内画出工农形象。竹编枕耐汗水，较凉爽。

匣形长皮枕

年代：清

材质：牛皮

尺寸：长34cm
　　　宽16cm
　　　高10cm

　　匣形牛皮枕，材质轻，便于携带。据说是山西票号所用的枕，放票据，昼夜不离。

箱形牛皮枕

年代：中华民国

材质：牛皮

尺寸：长33cm
　　　宽14cm
　　　高15cm

　　枕外包上等牛皮，里面衬箱形木板，制作大气简洁。盖内有一张俄文广告，或许是晋商在对俄贸易中带回的产品。

板凳形石枕
年代：中华人民共和国
材质：青石
尺寸：长33cm
　　　宽13cm
　　　高10cm

青石虎头枕
年代：中华人民共和国
材质：青石
尺寸：长30cm
　　　宽10cm
　　　高15.5cm

布艺双虎娃娃枕

年代：中华人民共和国

材质：棉布

尺寸：长30cm

宽45cm

高11cm

这是用多种色彩的布料拼接缝制的布枕，里面填充"秕子"。小虎头的眉眼、鼻子、嘴巴和头上鬃毛都很生动。

长方形藤编枕

年代：中华人民共和国

材质：藤

尺寸：长31.5cm

宽19cm

高14.5cm

藤篾细致均匀，编织认真，枕内有竹架，架外裹棕绒，外层编藤篾，两端编回字纹，枕四面经纬交错，枕端涂红漆。夏日枕此种藤枕，凉爽透气。